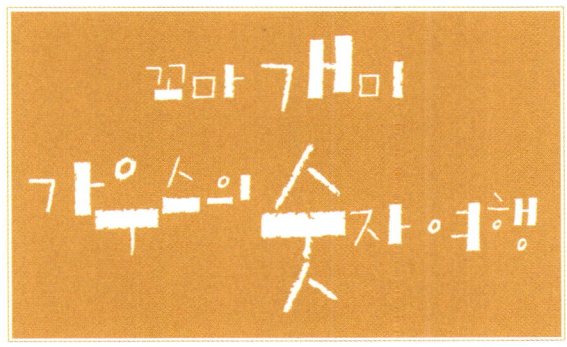

Antventures into Math with Imagination

Copyright ⓒ 2011 Yasmina Roberts

Originally published by DC Canada Education Publishing

This translation is published by arrangement with DC Canada Education Publishing

through The Agency Sosa

Korean Translation Copyright ⓒ 2013 Jiyangsa Publishing Co.

지은이 **야스미나 로버츠** Yasmina Roberts는 캐나다 토론토 대학과 동대학원에서 수학으로 학사와 석사, 교육학으로 학사학위를 받았습니다.
현재 토론토에서 고등학교 수학 교사로 일하고 있습니다.
수학을 배우는 초등학생을 위해 『Into Math with Imagination』 시리즈 세 권을 썼습니다.

옮긴이 **박영도**는 서울대학교 수리과학부를 졸업하였습니다.
농산어촌교육협동조합 소속으로 틈틈이 아이들을 가르치며 재미있게 수학을 가르치는 법을 생각합니다.
'한겨레 어린이·청소년책 번역가 그룹'에서 활동하고 있습니다.

꼬마 개미 가우스의 숫자 여행

야스미나 로버츠 지음 / 옮긴이·박영도 / 펴낸곳·도서출판 지양사·키드북
주소·서울시 마포구 서교동 399-24 정명빌딩 402호
등록번호·제8-25 / 초판 발행일·2013년 9월 5일
전화·02-324-6279 / 팩스·02-325-3722
홈페이지: www.jiyangsa.com / e-mail: jiyangsa@daum.net
값 10,000원
ISBN: 987-89-8309-034-8 (73410)
「이 도서의 국립중앙도서관 출판시도서목록(CIP)은 서지정보유통지원시스템 홈페이지(http://seoji.nl.go.kr)와
국가자료공동목록시스템(http://www.nl.go.kr/kolisnet)에서 이용하실 수 있습니다.(CIP제어번호: CIP2013015971)」

꼬마 개미
가우스의 숫자 여행

초등학교 1학년을 위한 스토리텔링 수학

아이와 함께 그림책을 읽는 엄마에게

이 그림책은 꼬마 개미가 여행을 하며 동물 친구들과 여러 가지 수학 문제를 풀어 나가는 이야기입니다.

아이들은 재미있는 이야기 속에서 수학을 친근하게 느끼고 동물의 생태에도 관심을 가지게 됩니다.

그림책 속의 문제를 함께 풀어 보며 아이가 생각하는 힘을 기를 수 있도록 도와주세요.

답을 구할 때까지 차근차근 실마리를 찾아 주고 문제를 그림으로 그려 보게 하는 것도 좋습니다.

아이의 답이 틀리더라도 스스로 풀어 보려고 노력하는 모습을 칭찬해 주시는 것도 잊지 마세요!

옮긴이의 글

차례

아이와 함께 그림책을 읽는 엄마에게 – 옮긴이의 글 · 4
안녕하세요? · 7

1 개미집 · 10
2 오늘은 땡땡이! · 14
3 점박이 무당벌레 · 18
4 무시무시한 딱정벌레 · 22
5 애벌레 소피 · 26
6 나무꾼 딱정벌레 · 31
7 거미 의사선생님 · 35
8 다시 만난 나무꾼 딱정벌레 · 38
9 꿀벌 붕붕이 도와주기 · 42
10 까다로운 늙은 베짱이 · 47
11 늙은 베짱이 도와주기 · 51
12 번데기가 된 소피 · 54
13 집으로 · 58

풀이와 답 · 62

안녕하세요?

공원을 걷다가 발밑을 보면 바삐 일하는 작은 곤충이 있지요.
혹시 개미를 따라 개미집까지 가본 적이 있나요?
개미집의 겉모습은 단순하지만 안쪽은 무척 복잡합니다.
개미집 안의 갖가지 생김새를 보면
개미가 그런 집을 지을 만큼 똑똑하다는 것을 알고 깜짝 놀라지요.
개미집에는 지붕이 있고 일개미가 늘 지붕을 손봅니다.
개미집에는 방이 많은데 쓰임새가 저마다 달라요.

개미집 안에는 이런 방들이 있어요.

* 봄에 몸을 덥히는 햇볕 방
* 겨우내 잠을 자는 잠자는 방
* 모임과 잔치가 열리는 모임 방
* 음식과 씨앗을 담아 두는 창고 방
* 알과 번데기를 기르는 아기 방
* 길들인 곤충을 기르는 헛간
* 여왕개미가 알을 낳고 다른 개미들의 보살핌을 받는 여왕개미 방

과학자들은 개미집을 보고 개미가 무척 똑똑해서 깜짝 놀랐습니다.
개미들은 어떻게 집을 지을까요?
개미들에게도 지능이 있을까요?
이러한 의문들을 과학자들도 아직 완전히 풀지 못했어요.
다음은 신기한 곤충 개미에 대해 알려진 흥미로운 사실들입니다.

✽ 개미는 7까지 셀 수 있어요.
✽ 개미는 위가 2개예요.
   위 하나에는 음식을 담아 두었다가 다른 개미들과 나누어 먹어요.
✽ 다른 동물을 길들일 줄 아는 동물은 사람과 개미뿐이에요.
✽ 개미는 배울 수 있고 논리적으로 생각할 수 있어요.
✽ 개미는 배운 것을 며칠 동안 기억할 수 있어요.
✽ 개미는 더듬이를 써서 만지고 냄새를 맡아요.
✽ 버섯을 길러 먹고 세균을 죽이는 물질을 만드는 개미도 있어요.
✽ 개미는 더듬이로 서로 이야기해요.

자, 이제 꼬마 개미 가우스를 만나러 가요.

개미집

"아가야, 일어나! 아침 먹어야지!"
할머니 개미의 목소리가 들렸어요.

꼬마 개미 가우스는 한쪽 눈만 살짝 떴어요.
꿈을 꾸는 중이었거든요.
하지만 꿈이 깨버렸네요.
집 안은 무척 밝았어요.
가우스는 오늘이 여행하기에 딱 좋은 날이라는 것을 알 수 있었습니다.
가우스는 침대에서 벌떡 일어나 부엌으로 갔어요.

여동생이 식탁 앞에 앉아 발을 흔들면서 과자를 먹고 있었어요.
부엌으로 들어오는 가우스를 보고 여동생이 말했어요.
"내가 오늘 과자를 몇 개 먹었지?
어제보다 5개나 많이 먹었는데! 어젠 15개 먹었거든.
밤새 많이 컸나 봐!"

여동생은 오늘 아침 과자를 몇 개 먹었을까요?

"엄마 아빠는 벌써 일하러 갔다.
너도 밥 먹고 학교에 가야지."
할머니가 말씀하셨어요.
가우스가 시무룩한 표정을 짓자 할머니가 물으셨어요.
"밥 먹기 싫은 게냐?"

"오늘은 학교 가기 싫어요!"

"우리 집안에 게으른 개미는 없다."
할머니가 더듬이를 휘휘 내두르며 엄하게 말씀하셨어요.
하지만 가우스는 오늘이 여행하기에 좋은 날이라고 생각했어요.
가우스는 호기심이 많았거든요.

할머니가 가우스와 여동생의 그릇에 밥을 담아 주셨어요.
할머니는 가우스에게 여동생보다 밥을 더 많이 주셨어요.
할머니의 그릇에는 여동생보다 밥을 더 적게 담으셨어요.

누구의 밥 그릇에 밥이 가장 적게 담겼을까요?

2 오늘은 땡땡이!

아침부터 개미들은 모두 바빴어요.
어린 개미들은 서둘러 학교에 가고 있어요.
어른 개미는 집을 짓고 먹이를 구하고 아기 개미를 돌보지요.

가우스는 다른 개미들과 함께 학교에 가고 있어요.
반짝반짝 햇빛이 눈부시고,
모험을 기다리는 신기한 세상이 눈 앞에 펼쳐져 있어요.

호기심 많은 가우스는
일개미가 나뭇가지를 집으로 옮기는 모습을 지켜보았어요.
나뭇가지가 무거워서
일개미는 한 번에 나뭇가지를 2개나 3개밖에 옮기지 못했어요.

개미집으로 나뭇가지 8개를 옮기려면
일개미는 최소한 몇 번 왔다 갔다 해야 할까요?

가우스는 바닥에 떨어진 나뭇가지 밑에 살짝 숨었어요.

비밀을 하나 알려 줄까요?
가우스는 가끔 학교를 빠진답니다.
호기심 많은 가우스는 살짝 숨어 있다가 여행을 떠나곤 하지요.
그리고 제 시간에 돌아와서 학교에 다녀온 척하지요.
여러분이 가우스의 엄마 아빠를 만나더라도 이 이야기는 비밀이에요.

가우스는 나뭇가지 아래 숨어서 오늘의 여행 계획을 짰어요.
"북쪽으로 20걸음, 동쪽으로 30걸음,
남쪽으로 20걸음, 서쪽으로 30걸음 가야지.
아주 신나는 여행이 될 거야!"

가우스가 도착할 곳은 어디일까요?

3   점박이 무당벌레

가우스는 문득 혼자가 아니라는 것을 알아차렸어요.
이곳에 누가 또 숨어 있네요.
하지만 누군지 알 수 없었어요.

"거기 누구 있어요?"
무서운 괴물이 아니기를 바라면서 가우스가 속삭였어요.
"나는 무당벌레야."
무당벌레가 대답했어요. 가우스는 마음이 놓였어요.
"무당벌레구나. 안녕? 난 가우스야.
너에게 꼭 물어보고 싶은 게 있었어.
네 등에 까만 점이 모두 몇 개 있니?"
"얘, 내가 내 등의 점을 어떻게 셀 수 있겠니?
하지만 우리 엄마는 왼쪽 등에 점이 6개 있고
오른쪽 등에는 점이 3개 더 많아.
난 엄마를 닮았어!"

무당벌레 엄마의 등에는 점이 몇 개일까요?

"넌 참 예뻐!"
가우스가 말했어요.
"내 모습이 예쁘긴 하지만 난 무서운 사냥꾼이야!"
무당벌레가 자랑스럽게 말했어요.

"하하하! 네가 무서운 사냥꾼이라고?
그런데 왜 나뭇가지 밑에 숨어 있니?
겁쟁이 먹잇감 같은데. 맞지?"
"숨어서 기다리는 중이야! 아무것도 모르는 꼬마 같으니라구.
너희 엄마한테 물어봐!"

"나는 그저께 작은 벌레를 1마리 잡았어.
어제는 3마리 잡았고, 오늘은 5마리야!
내가 이렇게 벌레 사냥을 늘려 가면,
내일은 몇 마리 잡고, 모레는 몇 마리를 잡을지,
넌 알 수 있겠니?"

화가 난 무당벌레는 이렇게 묻고 날아가 버렸어요.

4 무시무시한 딱정벌레

'드디어 아이들이 모두 학교에 갔네.
이제 내가 여행을 떠날 시간이야.'
가우스는 숨어 있던 나뭇가지 밑에서 기어나왔어요.

'뭔가 재미있는 일이 생길지 몰라.'
가우스는 생각했어요.
그런데 몇 발자국 걷자마자
땅이 우르르 흔들리며 솟아오르기 시작했어요.
무슨 일인지 알아채기도 전에 가우스는 흙먼지를 잔뜩 뒤집어썼어요.
가우스 앞에는 땅 속에서 나온 커다란 딱정벌레가 있었어요.
딱정벌레는 알이 5개씩 담긴 바구니를 2개 들고 있었어요.

커다란 딱정벌레가 들고 있는 알은 모두 몇 개일까요?

"밀지 마세요!"
가우스가 몸에 묻은 먼지를 탁탁 털고 입 안의 흙을 뱉으며 소리쳤어요.

"어른이 바삐 가는데 앞을 가로막으면 안 된다는 걸 이제 알겠지!
그런데 넌 왜 학교에 가지 않았니?"
커다란 딱정벌레가 쉭쉭거리며 물었어요.
"학교를 빠져도 난 모든 걸 잘 해요!"
"그래? 그럼 어디 한 번 보자."
커다란 딱정벌레가 가우스에게 문제를 냈어요.

"1부터 100까지의 숫자들 중에 0이 몇 개 있는지 말해 봐!
답을 맞히지 못하면 너를 꽉꽉 밟아서 0마리로 만들어 버릴 테다!"

딱정벌레는 자기 말이 우스워서 혼자 배꼽을 잡고 껄껄 웃다가
그만 나왔던 굴 속으로 다시 떨어지고 말았어요.

5 애벌레 소피

가우스는 딱정벌레가 무서워 힘껏 달아났어요.
딱정벌레 때문에 놀란 가우스는 햇빛을 쬐며 잠시 쉬려고,
들국화 꽃줄기를 타고 올라갔어요.
그런데 꽃잎 위에서 초록색 애벌레가 슬피 울고 있었어요.
가우스는 애벌레의 눈물에 가슴이 아팠어요.

"넌 왜 울고 있니?"
가우스가 물었어요.
"다른 애벌레들은 모두 예쁜 나비가 됐어.
아직도 초록색 옷을 입고 있는 건 나뿐이야.
나만 이상한 아이인가 봐!"
애벌레는 계속 울면서 말했어요.
"걱정 마. 너도 금방 나비가 될 거야."
가우스는 애벌레를 달래려고 애썼어요. 그러자 애벌레가 대답했어요.
"나는 20일 전에 알에서 깨어났어.
내 친구들은 모두 나보다 5일이나 늦게 깨어났지만 벌써 나비가 됐는걸!"

다른 애벌레들은 언제 알에서 깨어났을까요?

"울지 마! 그리고 좋은 방법을 생각해 보자."
가우스가 말했어요.

애벌레는 울음을 그치고 눈물을 닦았어요.
그리고 가우스에게 인사했어요.
"고마워, 내 이름은 소피야."
"내 이름은 가우스야."

문득 가우스에게 좋은 생각이 떠올랐어요.
"알았다! 거미 할머니는 의사선생님이시거든.
거미 의사선생님이 네가 나비가 될 수 있도록 도와주실 거야."
소피의 눈이 반짝거렸어요.
"그럼 함께 가 보자! 내 등 한가운데에 올라타.
명주실을 뽑아 그 끝에 매달려서 아래로 내려갈 테니까."

머리를 뺀 애벌레의 몸이 7마디라면, 몸의 한가운데는 어디일까요?

6 나무꾼 딱정벌레

가우스가 등에 올라타자
소피는 명주실 한쪽 끝을 꽃잎에 붙이고 훌쩍 뛰어내렸어요.
소피의 등에 올라탄 가우스는 명주실에 대롱대롱 매달려 내려왔어요.
흔들흔들 그네처럼 우와! 신이 났어요.

거미 의사선생님을 찾아가면서 가우스와 소피는 얘기를 나누었어요.
이야기에 열중한 나머지 다가오는 나무꾼 딱정벌레를 보지 못했어요!
가우스와 소피가 딱정벌레와 쾅 하고 부딪히자
딱정벌레의 등에 진 나뭇가지들이 바닥에 흩어지고 말았어요.
딱정벌레가 나뭇가지를 세어 보더니 얼굴이 붉으락푸르락해졌어요.
"이런! 나뭇가지가 7개밖에 없잖아!
마당에 네모 울타리를 2개 만들어야 하는데…….
네모 하나에 나뭇가지 4개가 필요하니까 모두 8개가 있어야 해!"
"괜찮아요. 나뭇가지 7개로도 네모 2개를 만들 수 있어요!"
가우스가 말했어요.

나뭇가지 7개로 네모 2개를 어떻게 만들 수 있을까요?

길을 가던 가우스가 혼잣말로 중얼거리기 시작했어요.

"무얼 중얼거리는 거야?"
소피가 물었어요.
"발자국 수를 세고 있어.
개미는 돌아오는 길을 찾을 수 있도록 발자국을 세거든.
애벌레는 어떻게 하니?"
"우린 발자국을 세지 않아도 돼.
어딜 가든 우리가 만드는 명주실이 졸졸 따라오거든.
명주실을 따라서 돌아가면 돼."
가우스가 돌아보니 가느다란 명주실이 땅 위에 이어져 있었어요.
"우와, 굉장하구나!
그렇지만 의사선생님 집까지 남은 발자국 수를 세어 보자.
내가 알기론 20발자국 남았거든."

둘은 함께 수를 세었어요.
"18, 16, 14……."

거미 의사선생님의 집에 닿을 때까지 발자국 수를 몇 번 세어야 할까요?

7 거미 의사선생님

소피와 가우스가 거미 의사선생님 집 앞에 가보니 문이 닫혀 있었어요.
문에는 쪽지가 붙어 있었어요.

'도움이 필요하면 세 번 두드리세요.
놀러 왔으면 두 번 두드리세요.'

소피와 가우스는 문을 세 번 두드린 후 집안으로 들어갔어요.
거미 의사선생님은 팔걸이의자에 앉아
커다란 거미줄 타래를 들고 있었어요.
아기 거미 여섯 마리가 거미줄을 풀어 여러 가지 무늬를 짜고 있었어요.
지금은 세모를 여러 개 넣은 무늬를 짜고 있어요.

아래 그림에서 세모 모양은 각각 몇 개일까요?

거미 의사선생님이 가우스와 소피에게 물었어요.
"무슨 일로 왔니? 어디가 아프니?"

"소피를 나비로 만들어 주세요.
웬일인지 소피 혼자만 나비가 되지 못했어요."
가우스가 말했어요.

"음, 소피에게 줄 약이 있기는 하지.
하지만 너희가 해지기 전까지 친구 셋을 도와주어야 해."
거미 의사선생님이 말씀하셨어요.
"너희가 친구들을 도와주면 소피에게 물약을 주마.
소피는 1부터 30까지의 숫자들에 있는 1의 개수만큼
물약을 숟가락으로 떠먹어야 한다."

1부터 30까지의 숫자들에는 1이 몇 개 있을까요?

8 다시 만난 나무꾼 딱정벌레

"어떻게 하지?"
거미 의사선생님 집을 나오며 소피가 풀이 죽어 물었어요.
"도움이 필요한 친구를 찾아보자."

가우스와 소피는 다시 길을 걷기 시작했어요.
그때 나무꾼 딱정벌레가 나뭇가지를 등에 지고 다가오고 있었어요.
가우스가 딱정벌레에게 인사를 했어요.
"안녕하세요? 나무꾼 아저씨. 우리가 도와드릴게요."
"하지만 넌 이미 날 도와줬는걸!
네가 알려준 대로 네모 모양 울타리를 잘 지었거든.
이제 나는 나뭇가지를 아낄 수 있어.
나뭇가지 5개로 세모 모양 울타리 2개를 만들 수도 있어!"

나무꾼 딱정벌레는
나뭇가지 5개로 세모 모양 울타리 2개를 어떻게 만들 수 있을까요?

"하지만 우리는 다시 아저씨를 도와드려야 해요!"
가우스와 소피는 나무꾼 딱정벌레에게 사정을 얘기했어요.

"음, 나는 뒤뜰에 마루를 만들려고 해.
그래서 이 기다란 나뭇가지를 옮기는 중이야."
나무꾼 딱정벌레는 머리를 긁적이며 말했어요.
"마루를 만들려면 똑같은 크기의 짧은 나뭇가지 8개가 필요해.
나는 나뭇가지를 반으로 자를 수는 있는데,
어떻게 해야 8조각으로 자를 수 있는지 알려 줄래?"

나무꾼 딱정벌레는 이 기다란 나뭇가지를
어떻게 8조각으로 똑같이 나눌 수 있을까요?
나뭇가지를 몇 번 잘라야 할까요?

9 꿀벌 붕붕이 도와주기

가우스와 소피가 나뭇가지 자르는 방법을 알려 주자 딱정벌레는 기뻐했어요.

"이제 누굴 도와주지?"
소피가 가우스에게 물었어요.
"도움이 필요한 친구가 반드시 있다고 할머니께서 말씀하셨어."
가우스가 말을 마치기도 전에 머리 위에서 붕붕 소리가 들렸습니다.
가우스와 소피가 고개를 들어 보니
꿀벌 한 마리가 꽃잎 위에서 날아오르려고 애쓰고 있었어요.
"얘들아, 나 좀 도와줘!"
꿀벌이 소리쳤어요.

가우스와 소피가 꽃잎 위로 올라가자 꿀벌이 말했어요.
"꿀을 8방울이나 모았더니 양동이가 너무 무거워.
내가 떨어뜨린 빈 양동이 2개를 살펴봐.
하나는 3방울을 담을 수 있고, 다른 하나는 2방울을 담을 수 있어.
그 양동이들로 내 꿀 4방울만 덜어줘."

가우스와 소피는 빈 양동이 2개로 꿀벌을 어떻게 도울 수 있을까요?

가우스와 소피가 꿀을 덜어내자 꿀벌이 말했어요.
"내 이름은 붕붕이야."
"난 가우스고 얘는 소피야."
가우스와 소피는 벌집까지 꿀 양동이를 날라 주었어요.

꿀벌 붕붕이는 가우스와 소피에게 꿀차를 만들어 주었어요.
가우스와 소피는 무척 배가 고팠어요.
하루 종일 바빠서 먹는 것도 잊고 있었거든요.

가우스와 소피가 꿀차를 마시는 동안 꿀벌들은 열심히 일을 했어요.
어떤 꿀벌들은 꿀을 나르고,
어떤 꿀벌들은 꿀을 통에 담고,
다른 꿀벌들은 꿀통에 1번부터 차례대로 번호를 붙였어요.

꿀벌들은 0부터 9까지의 숫자를 13개 써서 번호를 붙였는데,
그러면 몇 개의 꿀통에 번호를 붙였을까요?

10 까다로운 늙은 베짱이

가우스와 소피가 붕붕이에게 물었어요.
"혹시 도움이 필요한 친구가 또 있니?"
붕붕이는 잠시 생각하더니 대답했어요
"나이가 들어서 언제나 도움이 필요한 베짱이 친구가 있어."
"그 베짱이는 어디에서 사는데?"
가우스가 물었어요.
"꿀통에 꿀을 다 넣고 나서 너희들을 데려다줄게."
붕붕이가 말했어요.

가우스와 소피는 붕붕이가 꿀 15방울을
꿀통마다 양을 다르게 나누어 담는 것을 보았어요.

붕붕이는 꿀통을 몇 개나 썼을까요?

가우스와 소피는 늙은 베짱이네 집에 도착했어요.

베짱이네 집 앞에서 아기 곤충 5마리가 놀고 있었어요
베짱이가 창 밖으로 머리를 내밀고
카랑카랑한 목소리로 호통을 쳤어요.
"썩 저리 가지 못해!
하루 종일 너희들 때문에 시끄러워 죽겠어.
조용히 좀 해!"
베짱이가 생각처럼 힘이 약해 보이지 않아서
가우스와 소피는 깜짝 놀랐어요.

하지만 아기 곤충들은 들은 척도 하지 않았어요.
그러자 베짱이는 생각을 바꾸고 아기 곤충들에게 말했어요.
"나한테 사탕이 10개 있다.
다른 데 가서 놀면 너희 다섯에게 사탕을 똑같이 나누어 주마."

아기 곤충들은 사탕을 몇 개씩 받을 수 있을까요?

11 늙은 베짱이 도와주기

아기 곤충들은 사탕을 받고 나서 다른 곳으로 우르르 몰려갔어요.
그제야 늙은 베짱이는 손님이 온 것을 알아차리고 물었어요.
"무슨 일로 왔지?"
"도움이 필요한 늙은 베짱이가 있다고 들었어요. 그런데 잘못 찾아왔나 봐요."
소피가 말했어요.
"물론 도움이 필요하지. 올라오렴. 할 일이 있고말고!"
늙은 베짱이가 지치고 힘없는 목소리로 말했어요.

가우스와 소피가 방에 들어가 보니 탁자에
그릇이 5개 있었어요.
그릇에는 저마다 다른 개수의
씨앗이 들어 있었어요.
늙은 베짱이가 부탁했어요.

"저 씨앗들을 이리저리 옮겨서
가로줄에 있는 그릇의 씨앗들과
세로줄에 있는 그릇의 씨앗들의
개수가 같게 해줄 수 있겠니?"

가우스와 소피는 늙은 베짱이를 도와서 문제를 풀었어요.
그리고 부엌을 정리하고 요리와 설거지도 도왔어요.

베짱이가 내일도 다시 도와달라고 부탁하자 가우스는 생각했어요.
'차라리 학교에 가는 게 낫겠다.'

소피는 나비가 될 생각에 들떠서
해가 지기 전에 어서 돌아가자고 재촉했어요.
이때 늙은 베짱이가 말했어요.
"나비들은 정말 아름다워!
어제 멋진 나비를 4마리나 봤어!
흰나비가 노랑나비보다 많았어."
늙은 베짱이가 말했어요.

늙은 베짱이는 흰나비와 노랑나비를 몇 마리씩 보았을까요?

12 번데기가 된 소피

가우스와 소피는 다시 거미 의사선생님에게 찾아가 말했어요.
"친구 셋을 모두 도왔어요.
이제 약을 먹을 수 있나요?"
소피가 안절부절못하며 물었어요.

그때 소피에게 이상한 일이 일어났어요.
명주실이 소피를 감싸기 시작하더니 온몸을 덮어 버렸어요.
가우스가 어리둥절해 있는데 아기 거미들이 방으로 들어왔어요.
아기 거미들은 베개와 담요를 나르고, 소피를 다른 방으로 옮겼어요.

"소피는 나비가 되기 전까지 잠을 자야 해."
가우스가 깜짝 놀라자 거미 의사선생님이 웃으며 말했어요.
"애벌레는 먼저 고치가 되어야 해. 번데기라고도 하지.
일주일하고 5일 뒤에는 소피도 다른 나비 친구들처럼
꽃 위를 날아다닐 수 있을 거야."

소피는 며칠 뒤에 나비가 될까요?

거미 의사선생님이 가우스에게 말했어요.
"그런데 네가 학교에 빠졌다고 할머니께 말씀드릴 테다!"
"제발 용서해 주세요!"
가우스가 싹싹 빌었어요.
"그럼 다시는 학교에 빠지지 않겠다고 약속하렴!"
"약속하고말고요!"
가우스가 외쳤어요.
속으로는 다른 생각을 하고 있었지만 말이에요.
"착하구나! 내가 오늘 과자를 구웠는데 할머니께 좀 가져다 드리렴."

가우스는 할머니에게 드릴 과자를 받아 얼른 길을 나섰어요.
제 시간에 집에 도착하려고 쌩쌩 달렸지요.
가우스가 돌아오는 길에 과자 5개를 먹었더니 과자가 반밖에 남지 않았어요.

거미 의사선생님이 가우스에게 준 과자는 모두 몇 개일까요?

13 집으로

가우스가 집에 돌아와서 과자를 건네드리자 할머니께서 물으셨어요.
"학교에 간 네가 거미 의사선생님을 어떻게 만난 게냐?"

"학교 도서관에서 만났어요.
의사선생님이 아기 거미들에게 읽힐 책을 빌리러 오셨어요.
아기 거미가 5마리인데 한 마리당 2권씩 필요하시대요."
가우스의 대답은 거짓말이었어요.

가우스의 말이 사실이라면,
거미 의사선생님은 책을 모두 몇 권 빌려야 했을까요?

"거미 의사선생님이 주머니에 과자를 가득 담아서 도서관에 가시다니,
그 말이 사실이냐?"
할머니가 가우스의 눈을 빤히 들여다보시며 물었어요.

할머니는 가우스의 거짓말을 이미 알고 계셨어요.
가우스는 고개를 푹 숙이고 말했어요.
"하지만 친구들을 도와줬어요.
수학 공부도 했고요.
다시는 안 그럴게요!"
"다시는 그러지 않겠다고 약속해라."
할머니는 엄하게 말씀하셨어요.

가우스가 또 땡땡이를 칠까요?

풀이와 답

1

여동생은 오늘 과자 몇 개를 먹었을까요?
풀이 : 만약 어떤 수가 다른 수보다 5만큼 크다면 더하기를 해요

 **+**  **=**

과자 15개 + 5개 더 = 과자 20개 (15 + 5 = 20)

답 : 여동생은 과자 20개를 먹었어요.

누가 밥을 가장 적게 받았나요?
풀이 : 그릇 세 개를 비교해야 해요. 알려 준 조건대로 밥이 많은 그릇부터 적은 그릇까지 순서대로 놓아 보세요.

　가우스의 그릇　　　　여동생의 그릇　　　　할머니의 그릇

답 : 할머니의 밥을 가장 적게 담았어요.

2

개미집으로 나뭇가지 8개를 옮기려면 일꾼 개미는 최소한 몇 번 왔다 갔다 해야 할까요?
풀이 : 2와 3을 더해서 8을 만들어 보아요. 8 = 3 + 3 + 2. 처음에 일꾼 개미는 나뭇가지 3개를 옮겨요.
두 번째에도 나뭇가지 3개를 옮겨요. 그리고 나서 나뭇가지 2개를 더 집에 가져가야 해요.

나뭇가지 3개　　　　　　　　나뭇가지 3개　　　　　　　　나뭇가지 2개

답 : 일꾼 개미는 최소한 3번을 왔다 갔다 해야 해요.

북쪽으로 20걸음, 동쪽으로 30걸음, 남쪽으로 20걸음, 서쪽으로 30걸음 가면 가우스는 어디에 도착할까요?
풀이 : 아래 그림을 보세요.

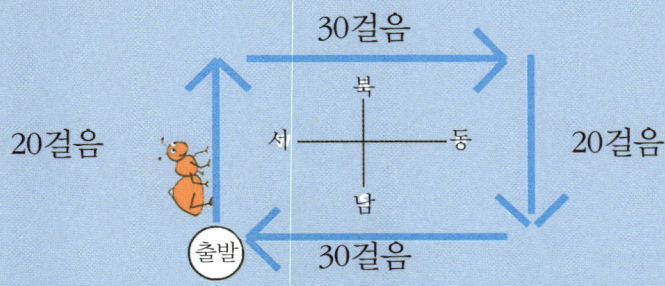

답 : 가우스는 다시 제자리로 돌아와요.

3

무당벌레 엄마는 점이 몇 개일까요?
풀이 : 먼저 무당벌레 엄마의 오른쪽 등에 점이 몇 개인지 알아보아요.
왼쪽 등에 6개 + 3개 = 오른쪽 등에 9개
그러면, 왼쪽 등에 6개 + 오른쪽 등에 9개 = 모두 15개

답 : 무당벌레 엄마는 점이 15개예요.

무당벌레가 쭉 이렇게 사냥하면 내일하고 모레는 몇 마리나 잡을지 알 수 있을까요?
풀이 :

| 그제 | 어제 | 오늘 | 내일 | 모레 |
| 1마리 | 3마리 | 5마리 | 7마리 | 9마리 |

답 : 무당벌레가 내일은 7마리, 모레는 9마리의 벌레를 잡을 거예요.

4

커다란 딱정벌레가 들고 있는 알은 모두 몇 개일까요?
풀이 : 바구니 하나에 알 5개 + 다른 바구니에 알 5개 = 모두 10개
답 : 커다란 딱정벌레는 알 10개를 들고 있어요.

1부터 100까지의 숫자들 중에 0이 몇 개 있을까요?
풀이 : 1에서 100까지의 숫자 중에 숫자 0이 들어 있는 숫자를 쭉 늘어놓고 보면 돼요.
10, 20, 30, 40, 50, 60, 70, 80, 90, 100. 100에는 0이 두 개 들어 있어서 모두 11개 있네요.
답 : 1부터 100 사이에는 숫자 0이 11개 있어요.

5

다른 애벌레들은 언제 알에서 나왔을까요?
풀이 : 소피는 20일 전에 알에서 나왔어요.
답 : 다른 애벌레들은 소피보다 5일 늦어서 15일 전에 알에서 나왔어요.
    20일 - 5일 = 15일

애벌레의 몸이 머리를 빼고 7마디라면, 한가운데는 어디일까요?
풀이 : 아래 그림을 보면 답을 찾을 수 있을 거예요.
답 : 네 번째 마디가 한가운데예요.
    왜냐하면 네 번째 마디의 왼쪽과 오른쪽에 있는 마디의 개수가 같으니까요.

6

어떻게 하면 나뭇가지 7개로 네모 2개를 만들 수 있을까요?
풀이 : 네모 모양 2개에는 곧은 선이 8개 있어요.
하지만 나뭇가지 7개로도 네모 2개를 만들 수 있답니다.
비밀은 바로 곧은 선 하나를 같이 쓰는 거랍니다!
옆의 그림을 보세요.

거미 의사선생님의 집에 닿을 때까지 가우스와 소피가 발자국 수를 몇 번 세었을까요?
풀이 : 18부터 0까지의 숫자를 둘씩(2)내려 세면서 모두 써 보세요.
18, 16, 14, 12, 10, 8, 6, 4, 2, 0.
답 : 열 번 세었어요.

7

아래 그림에 세모가 몇 개 있는지 세어 볼까요?
풀이 : 아래 그림을 보세요.

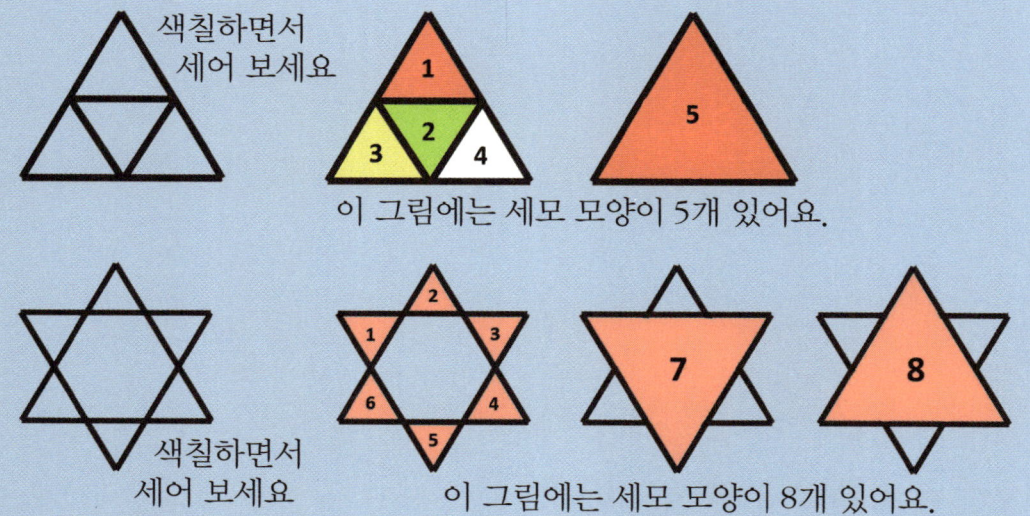

답 : 첫 번째 그림에는 세모 모양 5개, 두 번째 그림에는 세모 모양 8개가 있어요.

1부터 30까지의 숫자들 중에 1이 몇 개 있을까요?
풀이 : 숫자 '1'이 들어 있는 수를 모두 써 보세요.
1, 10, 11, 12, 13, 14, 15, 16, 17, 18, 19, 21.
12개의 숫자에 1이 들어 있어요. 하지만 11에는 1이 2개 들어가서 1의 개수는 모두 13이에요.
답 : 1은 모두 13개예요.

8

나무꾼 딱정벌레는 어떻게 나뭇가지 5개로 세모 모양 2개를 만들 수 있을까요?
풀이 : 세모 모양 2개는 곧은 선 하나를 같이 쓸 수 있어요. 옆의 그림을 보세요.

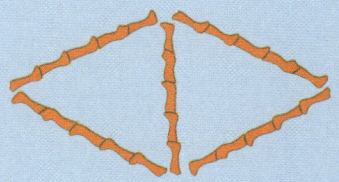

나무꾼 딱정벌레는 이 기다란 나뭇가지를 어떻게 8조각으로 똑같이 나눌 수 있을까요? 나뭇가지를 몇 번 잘라야 할까요?
풀이 : 나뭇가지 하나를 반으로 자르면 똑같은 크기의 나뭇가지 2개가 생겨요. 그 나뭇가지 2개를 각각 반으로 자르면 똑같은 크기의 나뭇가지 4개가 생겨요. 이제 그 나뭇가지 4개를 각각 또 반으로 자르면 돼요.

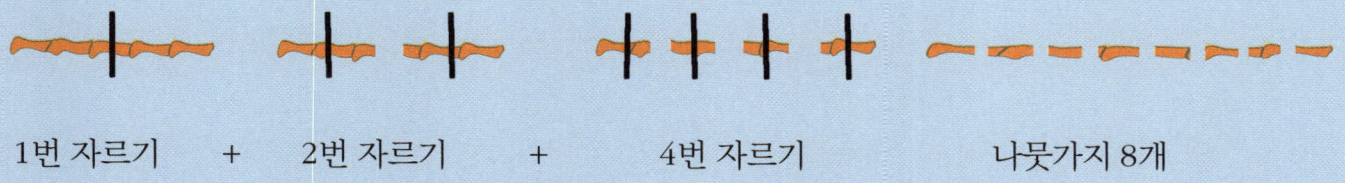

1번 자르기   +   2번 자르기   +   4번 자르기   나뭇가지 8개

답 : 나무꾼 딱정벌레가 나뭇가지 하나를 8개로 만들려면 나뭇가지를 7번 잘라야 해요.
     1 + 2 + 4 = 7

9

가우스와 소피는 어떻게 빈 양동이 2개로 꿀벌을 도울 수 있을까요?

풀이1 : 2방울들이 양동이를 두 번 써요.
첫 번째, 꿀벌의 양동이에서 2방울을 퍼내어
3방울들이 양동이에 부어요.
두 번째, 꿀벌의 양동이에서 다시 2방울을 퍼요.

답 1: 2방울들이 양동이를 두 번 쓰면
4방울을 덜어낼 수 있어요.

8방울 - 2방울 - 2방울 = 4방울

풀이2 : 또 이런 방법도 있어요.
3방울들이 양동이로 꿀을 3방울 퍼서 2방울들이 양동이에 가득 부어요. 그럼 1방울이 남지요?
2방울들이 양동이에 담긴 꿀을 다시 꿀벌의 양동이에 붓고, 빈 2방울들이 양동이에는 3방울들이 양동이에 남은 꿀 1방울을 부어요. 3방울들이 양동이로 꿀벌의 양동이에서 다시 꿀을 3방울 퍼요.
그럼 모두 4방울을 덜었어요.

8방울 - 1방울 - 3방울 = 4방울

답 2 : 3방울들이 양동이와 2방울들이 양동이를 번갈아 써서
꿀 1방울과 3방울을 차례대로 덜어내 모두 4방울을 덜 수 있어요.

벌들이 숫자를 13개 가지고 있었다면 꿀통 몇 개까지 번호를 붙일 수 있을까요?
풀이 : 1부터 9까지의 숫자를 하나씩 쓰면 꿀통 9개에 번호를 붙일 수 있어요. 10번째 꿀통에 번호를 붙이려면 1과 0이라는 숫자 2개가 필요해요. 11번째 꿀통에 번호를 붙이려면 1과 1, 이렇게 2개의 숫자가 더 필요해요.
꿀벌들은 숫자 13개로 꿀통 11개에 번호를 붙였어요.

답 : 꿀벌은 숫자 13개로 11개의 꿀통에 번호를 붙였어요.

10

붕붕이는 꿀통을 몇 개나 썼을까요?
풀이 : 꿀 몇 방울을 꿀통에 넣어 보아요.
모두 더해서 15가 될 때까지 서로 다른 숫자들을 더해 보세요. 1 + 2 + 3 + 4 + 5

그림을 보면 붕붕이는 꿀통 5개를 썼네요.
답 : 붕붕이는 꿀통 5개를 썼어요.

아기 곤충들은 사탕을 몇 개씩 받았을까요?
풀이 : 아기 곤충들에게 사탕 1개씩 주면 사탕 5개가 남아요. 그러면 아기 곤충들에게 사탕을 1개씩 더 줄 수 있어요.
그럼 아기 곤충들은 사탕을 2개씩 받게 돼요.

답 : 아기 곤충들은 사탕을 2개씩 받았어요.

11

씨앗들을 이리저리 옮겨서, 가로줄에 있는 그릇의 씨앗 개수와, 세로줄에 있는 그릇의 씨앗 개수가
똑같아지게 하려면 어떻게 해야 할까요?

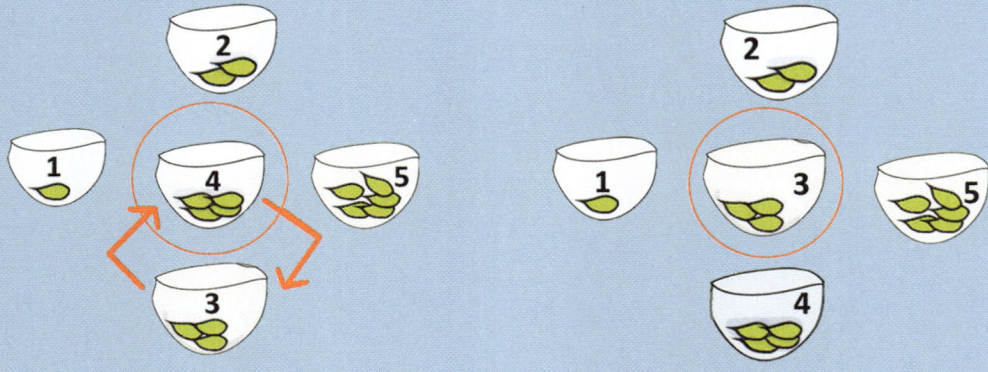

풀이 : 가로줄에 있는 씨앗의 개수를 더해 보세요. 1 + 4 + 5 = 10.

이제 세로줄에 있는 씨앗의 개수를 더해 보세요.
2 + 4 + 3 = 9. 가운데 있는 씨앗 4개가 가로줄에도 더해지고 세로줄에도 더해지는 것을 보세요.
그러니까 우리는 가장자리에 있는 씨앗의 개수를 같게 만들어야 해요.
만약에 씨앗 3개와 씨앗 4개를 서로 바꾸면 가로줄에 있는 씨앗의 개수가 바뀌어요.
1 + 3 + 5 = 9. 세로줄에 있는 씨앗의 개수는 2 + 3 + 4 = 9가 돼요.

답 : 씨앗 3개와 씨앗 4개를 바꾸면 돼요.

늙은 베짱이는 흰나비와 노랑나비를 몇 마리씩 본 걸까요?
풀이 : 나비가 모두 4마리니까 흰나비와 노랑나비의 개수가 될 수 있는 모든 숫자를 다 생각해 봐요.
흰나비 3마리와 노랑나비 1마리,
흰나비 2마리와 노랑나비 2마리,
흰나비 1마리와 노랑나비 3마리.
하지만 흰나비가 더 많아야 한다는 걸 기억하세요.

답 : 베짱이는 흰나비 3마리와 노랑나비 1마리를 보았어요.

12

소피는 며칠 뒤에 나비가 되나요?
풀이 : 일주일은 7일이니까 7일 + 5일 = 12일이에요.

답 : 소피는 12일 후에 나비가 돼요.

거미 의사선생님이 가우스에게 준 과자는 모두 몇 개였을까요?
풀이 : 과자 5개가 절반이라면 나머지 절반도 5개예요.
그럼 5 + 5 = 10. 과자의 개수는 모두 10개였어요.
답 : 거미 의사선생님은 가우스에게 과자 10개를 주었어요.

13

가우스의 말이 진실이라면, 거미 의사선생님은 책을 모두 몇 권 골라야 했을까요?
풀이 : 거미 5마리가 책을 2권씩 갖는다면 책은 모두 2 + 2 + 2 + 2 + 2 = 10권이 돼요.

답 : 거미 의사선생님이 도서관에 갔다면, 책 10권을 골라야 했을 거예요.